Quand

l'Amour

Veille ...

ADSO

Quand

l'Amour

Veille ...

"Que toujours, partout ou un être humain serait persécuté, je ne demeurerai pas silencieux". Eliezer Wiesel.

Telle une lumière, il a porté le drame de la Shoa à bout de bras, à force de courage et d'espoir ; il a enduré le drame de six millions d'êtres humains : il a porté avec lui dans la survie des frères et des soeurs qu'il a vu mourir et d'autres avec lesquels il a survécu, et qui sont restés dans le silence. Eliezer Wiesel a choisi de parler.

Il a consacré son existence entière à la dimension de la justice des hommes. Il a souffert dans et pour le choeur de l'humanité.

Il a connu le prix de la mort, et le prix de la vie alternativement, et c'est dans cette alternance qu'il est devenu écrivain. L'alternance n'est-elle pas la genèse de toutes les créations ? La projection en avant, puis l'introspection puis à nouveau la projection puis l'introspection. Pour conserver l'énergie bienveillante qui suit une forte tragédie, l'une des capacités de l'homme réside dans la création. L'art qui traduit la pensée ne serait-il pas ce qu'il reste de l'homme après l'homme ? La pensée et le vécu restant ainsi gravés pour les siècles à venir. C'est ainsi que se constitue le patrimoine de l'humanité.

© Juillet 2016 ADSO

Édition : Bod- *Books on demand*
12/14 rond-point des Champs Elysées
75008 Paris
Imprimé par – Books on Demand, Nordestedt
ISBN :
Dépôt légal

La pluie si longue

Coule sur mon visage,
Comme dans un voyage
Où le bateau coulerait
Sur l'écume, restent la joie et la gaieté.

La mer aujourd'hui,
C'est la pluie,
Et mon visage a franchi …,
De nouvelles portes :
Non, je ne serai pas morte !

Malgré le silence infini,
Je parle avec ma petite voix,
Malgré la solitude infinie,
J'ai la douleur qui s'assoit.

À ma table,
Autour des parfums, des érables
Un café
Sucré.

Mais une journée
Non partagée …

Oui,

J'aimerais tellement : oui
Lui parler,
Le toucher.
Mais il est devenu
Si exigeant,
Pour oublier qu'il est nu :
Si exigeant :

Que je dois gravir l'escalier
De la perfection et de la beauté.
Je hais cet escalier.

Je suis juste moi,
Personne à côté
Même s'il me dit :
Je suis là.
Mais pas dans la vraie vie.

Il est dans sa bulle
Et il faut bien des clefs de fées
Pour pénétrer ses préambules
Et se laisser entrer …

La pluie si longue et la peur,
Pleurent à côté de moi.
Je sais qu'ils partiront

Tournoyant vers le bonheur.

Décalage horaire.

Quand la pluie se fait vie

Je cherche une main plus douce
Qu'au petit matin, la mousse.

Je repousse,
Comme une fleur rousse.

Mais je suis bien d'âme et d'esprit
Et le temps qui se fortifie
Tel un bâton de guerrier,
M'emmène bien sur ton sentier.

Celui qui ranime les toutes toutes
Premières pensées,
Alors il faut prendre la route
Elle ressemble à de la terre, les marées.

Quand la route chemine vers la mariée :
Et pose sur sa main, la fleur rousse.
Et de couleurs en ombragées,
La danse tourne et douce ;

Puis tout à coup, c'est la pluie
Ainsi dans le calme s'installe la vie.
Car l'eau c'est la vie,
Comme le disait, Derlin.

Mais qui est la mariée ? Mais Qui est Derlin ?
Des amis qui jouent avec la poussière ?
Des amants qui raniment la lumière ?
Deux enfants qui jouent avec le matin ?

Ou peut-être les poussières d'une éternité
Envolées au-delà de la marée …
Pour que la mariée,
Et le chevalier

Ensemble, baignent dans les eaux rousses
Là où le ressac ranime l'amour
Dans de petites secousses
Où voguent les nefs pour toujours.

La nef de la mariée et de Derlin
N'a ni origine, ni destin
Elle est là.
Glissant sur le temps,
Et nul besoin de vent !

C'est un mariage secret,
C'est un secret bleuté.
C'est une nuit fleurie,
C'est un matin de midi.
Là où le soleil rougit,

Là où le feu chante
Et se renflamme la vie,
Là où les génies hantent
Et ramènent la douceur des esprits.

Car parfois, certaines terreurs
Envahissent le repos et volent les fleurs.
Alors j'attends sur la plage
Que la nef sorte des nuages.

Pour pouvoir
Encore te voir.

L'Homme et la puissance

Pourquoi ?
Comment ?
L'homme oublie les premières lois
Celles qui lui viennent depuis un long moment.

Parce qu'il a peur de sa solitude
Alors la puissance prend l'habitude
De parcourir des chemins interdits
Car la faille de l'humain réside dans les sentiments incompris.

La peur de vivre sans amour !
Et en ce nom, l'homme espère la puissance
Pour combler ses jours.
Mais sait-il qu'il ne connaît l'amour
Que s'il oublie justement cette puissance ?

Alors la vraie puissance vient d'elle-même
Le jour où tu dis : " Je t'aime "

L'être humain a le devoir de découvrir l'Amour
Ainsi que la force tranquille
Et de multiplier ses jours
Au gré d'un espoir qui chasse l'immobile.

Ce mal tapi dans l'ombre qui ne bouge pas

Qui a peur de cette vie
Qui est énergie.
La vraie puissance attendra
Que tous les espoirs reviennent :
Quand il n'y aura plus de haine
Ou pire encore : l'amour fourbe.
Le véritable amour fuit toutes les tourbes,
Parce qu'il les reconnaît
Et les sent à la toute première pensée.

Cette fuite est un pouvoir
Combattre et ignorer les forces noires
Sur ce sentier,
Tu dois aimer
Et pour cela
Tu peux espérer,
Prier.

En vérité, l' homme ignore tout de son pouvoir
C'est une révélation qui lui vient avec le soir
Chaque jour quand le vrai vient te parler
Dans ses rêves ombragés.

Le poète

Le poète, aède ou troubadour
Respire, pense, vit et aime l'amour.
De la terre qui est sa première muse.
Dans ses yeux, dans son coeur, nulle ruse.

Il est celui qui écrit les mots qu'il perçoit
Aux moments
Les plus innocents.
Il est celui qui à chaque fois
Répéte ce pourquoi l'amour et l'écho veillent,
Ensemble dans un infini sommeil.
Et c'est la nuit,
Pleine de promesses infinies.

Enfin le poète contemple
L'amour, la tendresse, la nature.
Enfin, il retrouve son temple
Avec la simplicité la plus pure.

Ses yeux, son coeur voient
Des visions fabuleuses
D'histoires miraculeuses.
Son âme, son esprit croient
En des signes soient visibles
Parfois invisibles.

Il perçoit
Les différentes lois
De tous les vivants
De tous les continents
Proches ou loins de la mer.
Qu'importe ils aiment leur terre.

Généreuse,
Prometteuse,
Elle a toujours porté
Le vent dans ses secrets.

Et avec les siècles s'élevant
Depuis le néant
Les mystères deviennent des réponses muettes,
Les mystères deviennent des questions ouvertes.

C'est pourquoi le poète n'a pas peur du temps,
Car l'éternité pour lui s'est posée un moment.
Un moment,
Comme un fragment.

Fragment d'un parchemin
Rescapé d'un très lointain
Continent ? Espace ?
Miraculeux lendemain,

Qui laisse des traces
Au patrimoine de l'humain.

Le poète a pour mission
De confronter les questions
De l'humanité
À la divinité.
Découvrir quelles sont les limites des créatures
Face et pour le respect de cette nature
Qui les accueille, les aime et endure
Avec eux leurs tourments,
Leurs sentiments.
Leurs matins pâles
Leurs inquiétudes transcendantales.
Mais aussi leur rappeler que la vie qui finit
N'attend qu'un espoir vers une perception qui dit : Oui.

Oui, le poète doit soulager
Et réchauffer le mendiant,
D'un sourire très discret
Car il connaît,
Et a le sentiment
Des images qui redonnent ce temps,
Que certains imaginent perdu
À tout jamais.

Les couleurs

J'en connais
Et toutes ont une histoire
Venues sans surprises, de la lumière éclatée.
D'une nouvelle mémoire,
Elles colorent l'espace,
De toutes leurs traces.

Elles allument le ciel
Elles colorent l'irréel.
Les couleurs posent des espérances,
Sur les mots, leurs formes et leurs sens.

Il est dit qu'elles proviennent d'un lointain,
Mais d'un matin proche de la création.
Issues d'une lumière sans fin,
Univoques dans la plénitude de leurs noms.

Le rose
Ne blesse que la fleur
Qui est distribuée parfois par erreur.
Elle interpelle
Et explose
De douceur tout d'appel.

Le rouge

Comme le I Rimbaldien
Est la couleur de tout ce qui bouge.
Il est à tous ces matins
Des mouvements
D'un soleil couchant.

Le jaune : couleur des étoiles
Propose une chaleur sans égale.
Pose des couleurs sur l'indicible.
Le soleil en dépense,
Des instants sans dispense.
Et de fleurs en fleurs,
Il transpose avec honneur,
La couleur et son étoile
Le jaune éclaire les salles.

Le violet est la couleur la plus étrange,
Parce qu'elle provient de moments aux infinis.
Du néant à l'éternité, elle dérange
Parce que aboutissant aux extrêmes des nuits,
Jusqu'au réveil du petit jour
Le violet est partout et toujours.
Et ce sont les yeux, limite de l'âme
Que Rimbaud cherchait en la femme
Envoûtante et fragile
Où seule sa vie défile.

Comme un concerto
Comme une musique comprise par tous les héros
Qui sont en chacun de nous,
Et qui peuvent découvrir tout.

L'orange, couleur de l'énergie
Entre le jaune et le rouge
Distille ses pouvoirs de la pensée vers ton : Oui !
L'orange ouvre les portes de la terre et bouge.
Au sein des volcans
Du feu des géants.

Le vert foncé
Se partage les couleurs du ciel bleu
Et de ce jaune qui chauffe l'enfant quand il a trouvé son jeu,
Et raconte l'épopée
Des fleurs de chaque été
Qui court après l'hiver
Pour ramener la lumière.

Le bleu ciel
Se balade sur le vers étrange à mi-clos
De tes sanglots.
Qui peuvent devenir universels.
Est paraît-il de toutes les couleurs
La plus belle,

La plus proche du bonheur
Venu directement du ciel.

Le noir caractérisé
Par l'absence
D'une présence,
Tellement désirée.
Le desespoir
Qui s'est posé
Dans la vie par hasard,
Ne retiendra jamais
Les flots de l'éternité.

Le bleu marine
Couleur des océans
Et des efforts de la grâce divine,
Est cet immense chant
Qui provient de l'horizon,
Que l'Homme saisit depuis le profond.

Le vert clair
S'échappe dans un vertige
Qui assemble les couleurs qui diffèrent.
Le vert clair est un prodige
De douceur,
De sensations

Qui par bonheur
Portent un nom.

Le bordeaux, couleur du vin,
Couleur du satin.
Est ..., le sang de la terre
Proche du rose et du rouge d'hiver.
Le bordeaux est cette couleur charnelle,
Qui rassemble les formes inconnues d'un ciel,
Qui irradie d'un foisonnement réel.

Le beige est la couleur
De mes souvenirs
D'une enfance haute en couleurs
Riche de rires.

Le mauve est reposant
Sur son support dansant,
Il porte le rythme du souffle d'un enfant.

Le kaki est la couleur de l'indien
Des peintures et des couleurs de ses emblêmes
Souvenir sur les totems,
Souvent venu de très loin.

Le bleu nuit

Le firmament réunit
Accessible étoile
Par étoile.
Il parle doucement
De tes songes
D'enfant et de grand enfant.

La couleur prune
Est le sourire des femmes brunes.
De leurs faces s'échappent
De multiples et ouvertes chapes
Il n'y a plus de fardeau.

Tu vis

Un matin, tu es venu
Dans la lumière
Le corps nu,
Et le regard encore solitaire.

Tu ne connaissais rien
De ce que nous savons
Mais, l'ange alors venu près de tes mains,
T'a donné un savoir qui porte le nom :

Vie.
Qu'est ce que la vie ?
Une multitude de forces universelles,
Une multitude de portes où ruissellent

Des fautes, des interdits
Des droits et des plaisirs,
Dans le même devenir.
Mais aussi
L'opportunité de revivre ta naissance,
À chaque moment de ton existence.

Et c'est dans ce mystère
De cette toute toute première
Fois où ton corps

S'est rendu chair
Où une âme est venue encore

Te dire, oui :
Tu vis.
Et cette âme, faite pour la vie,
Te salue, t'embrasse
T'enlace
Et te nourrit.
D'abord de la connaissance et de l'interdit.
Ensuite du bonheur porté par le désir.
Il y a des portes qui doivent restées fermées.
Pourtant ton âme possède toutes les clés,
Mais sois prudent je t'en prie,
Au nom de la vie.

N'ouvre pas les portes de l'au-delà
Car en faisant cela,
Ce jour là :
La mauvaise clé te brûlera.

Choisis les clefs
En écoutant juste leurs sons,
Quand elles toucheront le sol
Et tu comprendras comme sur la clé de sol,
Simplement la mélodie

De ce qu'il te suffit
De comprendre.
Nul besoin de tout savoir,
Parfois, il suffit juste de croire.
Croire : plonger en Dieu
Et découvrir sa transparence, comme le seul voeu.
Ton âme est la seule clé
À laquelle tu ne peux accéder.
Elle provient d'une origine
Peut-être divine.

En le nom du sacré,
Choisis tes clés ;
Tu vis et tu vas mourir,
Mais dans un instant de silence,
On te propose un avenir,
Et c'est là, la plus belle chance.

De portes en clés,
Tu auras une destinée.
Peut-être l'appelleras-tu liberté ?
Liberté : seule tolérance.
Pour ton existence.

Le printemps

Est une fleur,
Dont le sourire est toujours près du bonheur.
Le printemps,
Prend tout son temps.

Mais quand il vient,
Retiens-le
Car il te rendra heureux :
Chaque année
C'est la même destinée,

De l'amour
De la patience,
Qui pense,
À l'hiver des prochains jours.

Et qui parfois prend peur,
Quand se fane la fleur.
Alors j'en appelle,
Au calme et à la lumière belle.

Et cette énergie
Qui vient du fin fond de la nuit
Me rappelle
Cette première journée, toute étincelle.

Délayée
Chaque saison, chaque année.

Il est vrai qu'avec le printemps,
La vie reprend son temps.

Un temps qui court
Et dépasse le fil des jours.
Comme un soleil dont rien n'arrêterait la course.
Et qui avec la soirée, monte jusqu'à la Grande Ourse.

Et le système stellaire
En jaillissement d'éclairs,
Le printemps fusionne
Avec l'air qui sonne.

Les carillons du ciel
En fragments d'appel
Surgissent l'étrange et le beau :
Le printemps, le renouveau.

Le territoire de Dieu

Est celui qui te rapproche de mes yeux,
Comme un instant où l'on se sent être à deux.
Et je sens le couronnement de la création,
Et je leur dirai à tous pardon.

Il y a ces fenêtres bleues
Qui éclairent nos yeux
Quand le temps passe
Et allume la foudre juste en face
De ton regard
À affronter sans retard.

Le territoire de Dieu et des prophètes
Est allumé de couleurs et de fêtes.
Et je mets des bougies
Et je tends mes envies
Vers un juge bienveillant
Et un futur captivant.

Alors, je bouge, je chante et j'écris,
Peut-être rien que pour te dire merci.
Mais je t'en prie
Ne joue pas avec cette vie.

Car sur ce territoire,

C'est toujours la même histoire.

Du feu, de l'eau,
Des arbres, des ruisseaux.

Au loin voguent des bateaux
Qui arborent leurs drapeaux
Comme des oriflammes,
Et éloignent tous les drames.

Pour te rapprocher du rêve,
Que je te tends en même temps que mes désirs
Avant de partir,
Et je reviens pour cette trêve.

Qui existe jour par jour,
Et qui ne promet aucun détour,
Il y a tous ces mots qui se lèvent
Parmi des chansons : tes vérités non brèves.

Et c'est pourquoi mes yeux,
Resteront toujours lumineux,
Sans peur du lendemain
Avançant tout droit pour t'offrir mes mains ;
Car donner
Reste la force la plus élevée.

Mais, accepteras-tu de recevoir ce cadeau ?
Si je vais vers toi
Le mot et le sourire hauts ?
Les fenêtres ouvertes,
Laissent passer de l'air
Et des oiseaux vifs et alertes
Comme une prière,
Scandée par un inconnu
Qui s'élève jusqu'aux nues.

Laisse-moi monter avec toi
Vers l'horizon d'une joie
Qui sourit aux anges
Et interpelle ton étrange.

Un matin pas comme les autres

Ce fut un matin
De diapré et de satins,
Plein de couleurs
Et de lueurs.

Plein d'espaces,
Calmes qui autorisent la disgrâce.
Un matin
Serein
Où je guéris tes mains.

Ce premier matin,
Pour soigner les blessures
Ce premier destin
Pour croiser ton armure.

Chevalier du désert
Ce matin tu l'as choisi coloré
Et tu l'as choisi lumineux de secrets,
Brillants d'espoir pour cette terre.

Cette terre qui un matin,
À sauvegardé l'humain.
Pour que ce sable du désert
Ne sois ni brûlant, ni fier.

Car tu marches avec soin
Et confiance en moi : plus de chagrins.

Car ce matin
Est à la fois
À toi,
Et comme le mien.

Il est comme ce premier jardin,
Empli de chants et de murmures,
Avec le pardon enfin accordé,
Aux bords de tes yeux, au bord du mur.

Dans ce matin, sauras-tu entendre les mots
Qui viennent sans hésitation
Te porter ce frisson
Qui te semble si majestueux, beau ?

Le pardon

Il s'adresse à tous
Ne refuse aucune réponse,
A toujours la voix douce
Et le regard qui t'écarte des ronces.

Le pardon, est le plus grand mystère
De l'amour,
Plus fort que la prière
Il te guide sur le chemin du jour.

Le pardon sonde
Ton âme profonde
Caresse tes bonnes actions,
Et enfin lègue le pardon.

J'ai une soeur, j'ai un frère
Je les écoute dans l'obscurité
Sourde de l'apesanteur,
Aujourd'hui comme hier,
J'attends et je transmets
Ce que les mots me disent à l'heure,

Où passe l'oiseau fou
Des vérités
Des mots doux

De cette réalité,
Qui souvent cruelle
N'a besoin
Que de ton accord pour aborder la ruelle,
Au clair de ton chemin.

Mais ce chemin, tu le connais déjà
Regarde, ouvre tes yeux
Fais glisser ton regard dans cet au-delà
Ranime les jours heureux ;

Parce que le pardon n'a qu'une volonté
Te connaître et distribuer
Les mots que tu attends
Sans oser pourtant,
Le dire.
Alors, à toi de choisir :

Iras-tu dans ce matin
Me dévoileras-tu ton chemin ?

L'essence
Des turbulences
Qui se frotte à ton coeur.
En abîmant peut-être ce lieu de fleurs
Et de magies
Où s'allume ta vie.

La lumière comme un satin

Te donne toute la douceur
Que ton âme réclame pour ton lendemain,
Être de pudeur.

Je viens vers toi
Le pas tranquille,
Et plein d'éclat
Cela semble facile,
Je tente la vertu, la fidélité,
La patience, la tolérance
Pour enfin te mériter …

Toi qui respires,
Quand vient le soir
Et qui t'allonges près d'un avenir
Où s'éloigne le lion puis devient ton histoire.

Tu respires,
Malgré le départ
À venir
Car tu sais
Que je te propose l'éternité,
Alors … tu attends le soir …

Maintenant

Que tu sais
Que je peux donner
Et que je rêve de l'instant
Où tu chercheras mes cadeaux,
Qui dans cette attente sont de plus en plus beaux.

Parce que bercés
De la douce énergie
De la liberté
D'où naît la vie.

Ta respiration
Monte en moi, comme un son
Qui de ses arpèges
Te réclame en florilèges.

Et cette mélodie
Coule le long d'un rivage
Qui va de l'infini à l'infini
Il n'y a plus de temps,
Il n'y a plus que le visage

De cet espoir fulgurant,
Ennivrant
Quand il entend tes pas,
Quand il soupire devant toi.

Sans fierté,
Sans miraculé.
Juste avec l'envie
De comprendre où est l'interdit.

Si je te donne mon coeur,
Me feras-tu découvrir mes erreurs ?

J'ai besoin de savoir,
Si je dois croire,

Mon coeur,
Ou mon Seigneur.

Mes mots
Ou le regard haut
Vers les cieux
Étincellants de feux.

Comme un satin
Que l'on cherche dans le lointain
Et que l'on aurait connu
À sa première destination venue.

Oui il vient,
Ce satin

Se glisse
Comme un prémisse.

C'est une promesse qui accepte ton prénom,
Comme une loi, une première raison.
Qui t'autorise les fantasmes secrets,
Des jeux qui font tes qualités.

Et ce vent,
Tout les tourments
Qui disparaissent
Sont riches en promesses.

Alors, c'est la pluie
Et la puissance indienne,
Alors, c'est ma vie,
Qui doucement devient tienne.

Je te donne mes premières fois
Et je prie pour toi
Que le temps ne t'effleure pas.
Que la nuit t'invite sans tracas.

Si j'étais artiste

Je ne serai jamais triste.
Car je distribuerai des clefs
À tous ces gens par milliers.

Des roses, des bleues :
Leur faire ouvrir les yeux.
Des pleines, des creusées,
Pour les faire parler.

Et toutes les couleurs
Pour les faire chanter en choeur.
Vertige d'arc-en-ciel
Et l'on dit que les clartés sont belles.

Torrent magique de forme et de lumière
Je vois des milliers de gens en prière.

Si j'étais artiste,
Je ne serai jamais triste
Car je verrai tes yeux
Confiants et heureux
Et voir tes yeux ainsi
C'est le bonheur de toute une vie.

Si j'étais artiste

J'aurai l'exigence
Chaque jour d'avoir la chance
De découvrir les pistes

Qui me mènent
Du néant au plein
Pour que l'infini
Rassemble nos vies.

Et que dire ?
Sinon ne vouloir partir ?

Et que chercher ?
Sinon ne vouloir rester ?

Car tout est là
Dans les mains d'artiste
Pleines de joie
Voilà pourquoi je ne serai jamais triste.

Je suis

Une pensée, une vie.
Un jardin, sans interdit,
Un regard d'une douceur infinie,
Qui ne cesse de dire merci.

Je suis un regard
Qui se pose le soir,
Sur ton repos
Sur ton nouveau
… Visage
Et se partage.

Tes craintes
Tes défuntes
Erreurs
Car tu n'as plus peur.

Je suis un long prélude
À l'oubli de tes habitudes.
Je veux donner
Et découvrir
Mes secrets
Avant de partir.

Je suis à la recherche

D'un monde qui cherche
La fin de la violence,
La possibilité de nouvelles chances.

Je suis en accord avec mes voeux
Et je n'attends que le calme
Et le retour de ces jours heureux
Perdus parmi les palmes.

Il y a encore des arbres,
Il y a encore des palais de marbre,
Et des demeures.
Où rien ne meurt.

Je rêve d'une paix éternelle,
Entre le monde et le monde.
Je rêve d'un calme toujours fidèle
Entre le monde et le monde.

Entre le monde et le monde
Il y a ce lac où je dors :
Visage clair d'une ronde
Où tous les enfants choisissent le décor

De leurs rêves.
Et des songes

Loin des mensonges
Qui vident l'espace
Et le crêvent,
Mais ils ne perçoivent pas la menace.

Je suis pleine de l'espoir
Que j'aurai pour l'espoir
De demain.

Le silence

Le silence est devenu plus précieux,
Que l'or, le vin et le feu.
Il s'installe dans un jardin
Où il se balade avec le refrain.

Du message et de ton unisson.
Le silence est un ruisseau de la sagesse
Car il porte avec le souffle de ton prénom
Le seul secours qui te caresse.

Et dans un instant de douceur
Aux infinies langueurs :
Le silence te plonge
Dans l'attente confiante que tu prolonges
Jusqu'au moment
Où la paix sera loin des géants.

Ces colosses au pied d'argile
Qui élèvent leurs têtes jusqu'aux sommets
Les plus hauts, là où le silence défile
Au rythme des pluies et des nuées.

Quel sera ton silence ?
Une nouvelle histoire qui commence ?
Un nouveau bruit, que tu sauras écarter

Dans l'inquiétude de m'effrayer ?

Le silence veut rassurer
Le silence veut t'écouter.
Dans cette longue absence
Qui te soulage de tes différences.

Le silence est une protection
Contre les injures : manifestations
D'une solitude
Qui a pris l'habitude.

De ne pas écouter
Les instants où tu lui diras : je suis née pour parler.
Je suis un être de langage
Qui cherche à être sage.
Parce que le silence
Est la tolérance
Offerte :
Nouvelle découverte.

Le silence est ce refuge
Où l'oiseau s'endort sans juges,
Avec le seul souci
De poursuivre ta vie.
Un oiseau qui chanterait pour toi

Dans un silence de jade,
Dans un silence sans effroi
Où il n'y aurait aucune parade.

Où l'interdit n'aurait plus besoin d'être
Car le silence est le plus grand pardon qui peut naître.
Alors je prononce les mots sourds
Alors j'entends les appels au secours :
Tout ce besoin d'amour.

Le silence a le son
De tes chansons.

Et si tu venais

Et si tu venais
Partager cette journée.
Sur la table, il y a du café
Des fleurs baignées dans un soleil d'été.

Si tu venais,
Je t'attendrai
Et j'aurai passé quelques heures
À imaginer ces instants de bonheur.

Et ces instants de pensée
Seraient un pur bonheur immergé
Depuis un long sommeil,
Tu seras mon éveil.

Si tu venais,
N'oublie pas de me demander
De quelle couleur je m'appelle,
Pour oublier les feux, les nuits, les étincelles.
De tous ces instants où je t'ai attendu.
Longtemps,
Lentement,
Et tu es venu.

Parce que je l'ai souhaité

Du plus profond imaginé.
Parce que je t'ai aimé
Depuis tant de journées.

Et si tu venais
Alors j'irai avec joie
T'ouvrir la porte de mon premier
Refuge à partager près de toi.

Alors, ensemble nous oublierons
Et le froid, et la nuit.
Alors, nous aimerons
Et le temps et la vie.

La mémoire qui se couche sur la grève
Et si tu venais,
Tu viendrais non d'un rêve
Mais d'une splendide réalité.

Une réalité,
Accrochée au plus haut sommet
Du son de ta voix,
De l'espoir de tes pas.

Alors à voix basse, je te demanderai
Le nom de la contrée

D'où tu es venu
D'abord inconnu ;

Puis enfin reconnu.
Parce que tu auras voulu
T'approcher
Un nouvel été.

Si tu venais,
Ce serait un jour d'été.

Ou si tu préfères
Un soir d'hiver.

Mais la grâce
Sera de trouver en ton nom,
Le retour de tout cet espace
Que tu ouvres sans pardon.

Le parfum englouti

Le parfum englouti,
S'est égaré aux douces senteurs
D'un paradis enfoui
Au jardin de ta mémoire, quel bonheur !

Une mémoire, une pensée
Qui veulent cette liberté
Que rien n'arrête
Que tout projette.

Depuis ce socle, la liberté se prolonge
Tout le temps de tes jours à tes songes.
Dans une marche qui ne s'arrête pas,
Dans une marche qui saura
Où retrouver
Le parfum de toutes ces années.

Ces millénaires de fleurissement
Qui ont donné à notre monde,
Une odeur de printemps,
Venu de toutes les ondes.

Les différents
Rayonnements
Depuis la nuit des temps,

Ont su donner
Le parfum, l'odeur des étés.

En hiver, j'ai senti d'autres senteurs
Venus d'un paradis plus intérieur.
Un monde gelé,
Qui apporte à la planète
Le repos du soleil trop ennivré.
Alors c'est la conquête
D'un parfum d'oubli.
D'un parfum intérieur.
Aux presques premières lueurs
D'un soleil trop pâle.

Mais voilà qu'aujourd'hui,
Le parfum s'est englouti
Au fin fond des mers,
Autour de tous les déserts.

Et si l'écume reste salée
Son parfum n'en est que plus à ta portée.
Alors n'oublie pas chaque jour
D'aller voir la mer et de respirer ses vastes contours.

C'est toi qui fait l'horizon et le rivage,
C'est toi qui respires sur cette plage.

Aux senteurs d'embruns,
Aux émotions de tes parfums.

Car le parfum est aussi un sentiment.
Il a une vie, un départ, un projet.
Il peut attendre longtemps
Avant de choisir de s'arrêter.

Alors il va, tranquille
Et se pose immobile
Un certain instant
De fête dans ton présent.

C'est le parfum des premiers temps,
C'est le parfum à venant ;
Qui t'emporte aux alizées
Des évasions du monde aimé.

Le réconfort

Il n'a pas de nom,
Se peut-il un prénom ?
C'est la ligne droite de l'horizon,
C'est le chemin vers ta maison.

Il est inscrit entre les lettres
Des courants de tes fenêtres.
Tu peux le toucher
Lorsque le livre est ouvert en premier,
Chapitre :
Le pupitre,
De l'enfant sage que nous sommes toujours.

À l'école de la vie,
Tous les chemins sont permis
Et veille cette lumière
Qui donne regard à tes paupières …
Lourdes qui se baissent
Et qui deviennent légères.

Quand tu redécouvres la prière,
Portée par l'amour,
Qui chaque jour
Chaque instant,
Chaque moment

Me rapproche de toi :
Ce feu incompréhensible
Cette nuit qui parle de la Bible
Qui vient de toi.

Toi, il n' y a pas de plus beau commencement
L'autre, il n'y aura plus d'égarements.
Plus jamais d'absence,
Vers une incroyable espérance.
Incroyable et pourtant j'y crois.
Et c'est là toute ma foi.

Aimer la vie,
Jusqu'au plus profond des infinis.

Aimer ta vie
En retour de mon
Premier nom.

Car tu m'appelles
Dans un cortège irréel :
Enfin je te donne la force d'un été
Qui saura faire fi de l'hiver le plus glacé.

Il faut savoir oublier

Il faut savoir oublier
Et renverser le sablier.
Les grains qui s'écoulent
Ne cherchent qu'à éteindre le feu qui roule.

Le souvenir se veut d'amitiés,
Pour comprendre et insister
Sur l'absence d'eau dans ton palais,
Sur l'absence de feu dans tes nuitées.

Où vont les écritures
Dans les yeux ou dans le coeur ?
Savoir écouter cette nature,
Qui humaine, te ravive de bonne heure.

Et trembler avec l'orage,
Et trembler sous les nuages
Hypocrites qui voudraient lire
Dans le ciel de ton avenir.

Il faut savoir oublier,
Le temps, espace sacré
Qui t'est imparti
Pour chercher une paix infinie.

Le souffle de mon esprit
Cherche toujours
La veille de ton repos
Mais le réveil de ta vie.
Cherche toujours
Quel est le premier mot
Que tu as prononcé
Que tu as voulu,
Quand tu es né
Lorsqu'encore nu
Et sorti de la matrice
Qui t'a fait monter
Au premier sommet de ta destinée.

Mais tu as pris le chant de la pluie
Pour adoucir ta vie,
Car l'eau est plus calme
Que le feu chaud des palmes
D'été.

Il faut savoir oublier.
Mais dans la souffrance …
Trouve encore la force de pardonner
C'est là tout ce qui fait la différence
Entre l'argile
Qui se transmue en or,

Entre une vie facile,
Et une vie d'efforts.

J'ai senti tous ces vents

J'ai senti tous ces vents,
Qui n'avaient que pour instants
Tes regards et tes attentes,
Tes chagrins et nos mésententes.

Et ces vents étaient à la fois,
Chauds et froids
Mais ils étaient bien à nous,
Qui chaque matin me tenaient debout.

Des vents qui ondulent sur la mer
Jusqu'à nous sur cette terre.
Et le vent d'Orient
Chaud et pénétrant
Ranime les secrets volants
Qui s'étaient perdus
Il y a quelques temps.

Il y avait ces frissons
Venus de l'horizon,
Il y aura ces éclats
Venus de là-bas.

Aucun tourment,
Juste la sensation bleue,

D'un matin qui se fait géant.
Et qui oublie pour ceux
Qui sont malheureux …
Mais comment
Préserver ces vents ?
Les ramener à la source
À l'étoile de la Grande Ourse.

Oui,
J'ai senti
Tous ces vents
Qui luttaient contre le temps.

Un temps de plus en plus court
Un temps de plus en plus vite
Mais qui garde toujours sa place à l'amour,
Et te donne un logis partout où tu habites.

Ta première demeure est : cette terre.
Soldat ou partisan de l'univers
Ta liberté m'interpelle,
Ta vie me rappelle.

Et sans peur, je me rapproche de toi,
Et en-deça du vent tu es là.

J'ai choisi de me battre

Pour apprendre à me débattre
De bon matin,
Pour donner soif à mes forces
De se rapprocher tout le temps de cette écorce
Première, qui fait de l'homme
Le cadeau inavoué de la création.

L'homme n'est qu'une création
Mais il peut accepter
Ou se révolter
Dans la tempérance sourde
D'une décision parfois lourde.

Qui pèse comme un couvercle,
Une décision de courage
Qui t'encercle
Dans la nécessité, sans mirages
Parfois d'arrêter les montagnes
Où seule la paix habite.

J'ai choisi de me battre avec ma plume,
Mon espoir et mon enclume.
Du matin frais
Où je suis arrivée.
Sur la vallée

Où j'ai été marcher.
J'ai attendu que tu parviennes,
Sans chagrin et sans haine.
À écarter le doute
Et revenir sur la route ;
Silencieuse d'un combat,
Dans les mains d'une femme.
Je ne serai jamais ce soldat
Qui a inscrit dans son âme
La possibilité de tuer.
Mais où va la pensée ?

Dans l'abandon le plus solitaire,
Je ne choisis pas de me taire,
Je rejoins
Ces parchemins
De feu et d'or
Où brillent encore
Et toujours
Le nom d'amour
Choisir une puissance
Qui justifie ma présence.

Je préfère abandonner
Que douter.

Une vie facile

Celle que je veux te donner,
Si tu oses me donner tes secrets.
Tout ces mystères
Qui ressemblent à des lumières,
Quand le soleil de la confiance
S'est enfin posé sans méfiance.

Une vie facile,
Si tu me promets de ne pas cesser
Quand le sentiment de l'éternité
Te semble difficile.

Ne cesse pas de prononcer les mots
Tout ceux dont tu as besoin et qu'il te faut,
Pour célébrer ta vie
Aux petits matins alanguis.

Et c'est toujours surprenant
De saisir tes pensées, même si ce sont en fragments.
Donne-moi juste un fil
Et je déroulerai avec beaucoup de coeur
Tout ce qui te semble difficile …
Inutile.

Sache que ton bonheur

N'obéit qu'aux commandements
Qui t'apportent : la sève des arbres,
La rosée des fleurs,
Les nuits où règnent un silence de marbre,
La première senteur
Du matin,
Et ta main.

Ce parfum docile et délicat,
Qui se rapproche de toi
Pour préserver ta vie,
Laisse-moi venir ici
Pour cueillir un reste de paradis.

Laisse-moi entrer
Dans cette vérité
Que tu caches et dissimules
Au fond de ta mémoire incrédule.

Tes souvenirs valent bien
La révélation
D'un ou deux chagrins
Sortir de ta prison

D'isolement
De regards sans néant.

Pour que partout tu vois
Le début, le commencement
D'une vie sans différends.

D'une vie dont toutes les portes
Deviendraient l'escorte
D'un nouveau sentier
D'une nouvelle éclatée.
De vies : de joie, de mots
De satin, de repos,
Du pain frais
Pour le déjeuner
De couleurs,
De destinées sans heures.

Le premier regard

Que tu aperçois quand vient le soir
Est le dernier sourire
Du jour, en attendant demain
Et pourquoi pas maintenant ?

Avant que la vieillesse
N'avale cette jeunesse
À défaut d'une sagesse
Que j'espère tu auras fait tienne,
Pour me faire mienne.

Le premier regard
Est à chaque fois un nouveau départ,
Une nouvelle errance
Un projet sans divergence.

Ton chemin
Ne s'écartera du mien,
Que si tes yeux ont choisi de veiller
Dans l'obscurité,
Que si tes oreilles ont accepté le passage
De l'absence de messages,
Que si ta bouche a encore une fois
Été sans compassion, sans la tentation vers toi.
Enfin

Ton chemin
S'écartera du mien
Si tu perds tes offrandes
Dans ces ténèbres
Où rien ne me demande.

Car
Grâce à tes regards,
Je vis dans la lumière.
Le chaud qui s'allume dans l'hiver
Encore incertain,
À la première étoile du matin.

Alors j'ai choisi et ton regard et ton chemin
Pour bien t'offrir ce dont tu as besoin.
Et j'aime
Les pas que tu parsémes
Que tu dessines sur le sable fuyant
De cet océan
Que tu regardes encore,
Même quand le vent souffle fort.

Et le regard de l'océan,
Me ranime et me réunit
Dans un calme sans accident.
Dans une lumière sans outrage et sans cris.

Le premier regard est un silence,
Plein d'une espérance
Que tu portes en toi,
Depuis que je suis là
…
Car tu as su me regarder
Me calmer et m'espérer
Dans une lueur d'été,
Une lumière franche,
Sans témoignage. Seule la branche,
De l'oiseau bleu, entouré de la brindille d'or,
Porte le nom étonnant encore :
De révélation.

Et ce n'est pas qu'un effleurement
De la pensée.
C'est aussi une avancée,
Vers les mouvements
Et les vallées de tes sentiments.

Le travail et la mémoire

Le travail et la mémoire,
Sont le but de chaque histoire.
Je me lève pour lire les secrets
Enfouis dans ton passé
Pour me donner la force d'avancer.

Se nourrissent de paroles,
Aux moments de vivacités folles
Que j'ai su intégrer dans ma forteresse
Aux abats-jours sans tristesse.

Dans la maison de mon travail
Dans la maison de ma mémoire,
Il y a toutes ces batailles
Qui trouvent refuge aux rives de l'espoir.

L'espoir d'un travail de la mémoire,
L'espoir de la mémoire d'un travail :
Est le plus beau nom que porte la terre : l'histoire,
Où retracer ce passé d'amour qui vaille
À la porte de tes silences.

Apprendre,
Se défendre,
Comprendre,

S'entendre,
Recommencer,
Espérer.

Le chant toujours tendre
Du premier babil qui toujours veut se rendre
Aux portes de ta maison :
Laisse-le entrer,
Laisse-le avec toi commencer.

À te donner ce courage
De fortifier chaque jour ton travail sage,
Ta mémoire
Ton territoire.

Il y a de la place pour tous ici,
Alors pourquoi le saule-pleureur
Allonge ses branches jusqu'ici
Au bon gré, malgré de ta pudeur.

Si la guerre vient à l'aube de ma vie,
Je sais que j'aurai transmis :
Au moins des mots
À mes amis,
Le plus beau cadeau
Est cette poésie …

Incertaine et fragile
Délicate et docile
Qui m'est venu, comme un instant,
Franc.

Alors j'ai appris les livres,
Et découvert la colère ivre.
Alors j'ai appris l'effort
D'abord dans la joie
Puis dans le réconfort
Où nous conduisent les Lois.

La prière

La prière
Peut-elle s'associer au combat ?
Elle est lumière
Et le combat est différent de cette foi,

Cette foi qui parfois élève la créature,
Au-delà de ses murs.
Comme une consolation
Une réponse à ses questions.

Le combat lui
Fait appel à la mort
Le combat existe encore,
Alors même qu'il s'échappe de la Vie.

Pourquoi les hommes prient ?
En plein soleil à midi,
Ou dans le tréfonds de la nuit ?
Au sommet d'une certitude unie,
Avec celle des autres
Pour aller vers une autre …
Prière,
Une nouvelle frontière.

Car hélas, la prière n'est pas universelle

Même si elle est très belle.
Il en existe de nombreuses
Et des plus valeureuses
Qui partent de l'Oméga
D'être plein de ta foi.

Il n'y a plus d'éternité

C'en est ainsi que la vie a décidé.
Alors rapproche-toi de l'instant
Du moment présent ...
Et voulu
Malgré ce fracas qui tue.

Et si le temps s'arrêtait,
Est-ce que la nuit reviendrait ?

Qu'importe tu auras su garder,
Dans ton intérieur : les étoiles oubliées
Parce que tu as veillé toutes les nuits
Les yeux levés aux cieux infinis.

Et dans une merveilleuse patience,
Peut-être que l'éternité posera sa chance
D'être là encore jusqu'à demain
D'être là, pour la délivrance,
De ces matins qui ne réclament rien.

Mais ceci est un rêve
Le rêve de l'homme et de la femme
D'un temps qui s'achéve
Pour lui donner une nouvelle âme.

Car avec le temps vient la vie
À la genèse de toute première matinée,
Chaque instant est l'éternité
Mais avec la vie, vient l'interdit.
Et l'Homme a le droit de se tromper
De rivaliser
Avec le soleil de l'immortalité.

L'Homme a le droit d'oublier
Pour à nouveau se rapprocher
Du courage,
Qui parfois lui est avec outrage
Ôté,
Retiré.

Il y a des forces vives,
Encore plus fortes que l'amour
Et si l'éternité n'a su suppléer à aucun jour.
Elle est un paradis qui te ravive
Dans un au-delà
Où peut-être tu connaîtras
Cette félicité
Enfin méritée.

Je reviens te chercher

Toi qui veux tout quitter
Et tout oublier.
Je me présente à nouveau sur le pas de ta porte,
Avec les cadeaux que ta miséricorde porte.

C'est moi qui te remercie
Du silence que tu donnes dans cet infini,
Où je t'ai vu
Seul et nu.

Je porte avec moi
Mon coeur et mes bras :
Vers toi.
Car en cette nuit
Dans laquelle tu gémis :
L'étoile a parlé,
Vers toi m'as guidée.

Je te donne ce temps
Qui s'élève dans un vent
Venu depuis l'horizon,
De ton prénom.

Maintenant je sais que tu es là
N'aie pas peur de me tendre les mains :

En mon âme, il y a du chaud et de l'éclat
Qui ranime cette lumière des anges cachés dans les parchemins
Que tu n'oses plus ouvrir
Car tu auras bien failli mourir,
À la vue de ces espaces inanimés,
Vides et désertés
Où rôdent encore
Les derniers soleils morts.

C'est une autre vie,
Et de ce que je t'offre comme un abri
Viendra ma joie, mon bonheur et ma fierté
Que moi aussi j'avais égaré.

En venant vers toi,
Je vais vers moi.
À vrai dire, je ne sais
Qui de nous fait le premier pas.

Mais je reviens,
Encore une fois
Dans l'éclair de ton présent.
Le sourire qui accompagne ma voix,
Et qui te dit encore :
Je reviens te chercher,
Même si j'ai l'air d'être mort
Oui, je suis à nouveau là à tes côtés.

Le désir

Est ce qui projette l'homme et la femme
Dans l'instant prochain.
Le désir est beau et sain
Il rend message à la femme
Qui dans une joie où remue tout son avenir,
Elle donne d'elle
Ses ailes
Qui s'envolent au pays de l'homme aimé.

Le désir d'un homme est un hommage
Et donne à la femme, bien des rêves suaves.
Le désir ne disparaît pas
Il persiste dans la tendresse de tes bras.
Il est aussi souvenir
Il est aussi avenir.

Le désir est universel,
Chacun a connu l'amour au moins une fois.
Il existe dans toutes les ruelles
Il existe à l'ombre de tous les bois.

Il est le souffle qui me fait aller vers toi
Il est le souffle même de l'horizon,
Il est cette essence au fond de moi
Qui jamais ne s'éteindra,

Car le désir est bon.
Car le désir est son
Musique, fête et travail.

Le désir n'a pour seul faille
De n'être pas partagé
Et quand bien même :
Lorsque je vis, j'aime.
Le désir de l'homme monte jusqu'à la voix lactée
Car les sons se propagent de l'infini à l'infinité.

Le désir est semblable à un arc-en-ciel,
Et la vie soudain devient si belle
Qu'elle apparaît bien réelle :
Avec toutes ces étincelles,
Dans les yeux du désir
Qui donnent envie de chanter, de rire.

Qui donne envie de toi,
De tes bras.
De tes mots et du son de ta voix
De ton sourire qui ne ment pas.

Mais l'essence même du désir
Est de retenir
L'arc-en-ciel pour que jamais il ne s'efface

Y'at-il eu dans l'histoire un homme qui a su en garder les traces ?
Et une femme assez vigoureuse pour remplir cet espace ?

Mon désir est semblable à une tige
Qui ne craint pas le vertige
Et qui encourage ton élévation
Vers l'amour dans toute sa révélation.

Comment remercier
L'amour d'exister ?
Qu'il n' y a rien de plus espéré
Que l'union de deux êtres tenus pour vrais.

Quel mystère envahit l'homme
Lorsqu'il aime une femme ?
Que deviennent ses veilles et ses sommes
Lorsque le secret de l'amour envahit son âme ?

Tout ce qu'on peut dire sur l'amour
N'a de sens que s'il se perpétue dans les jours,
N'a de sens que s'il rassure toujours
La femme ou l'homme blessé.

Je crois qu'aimer
Est une des grandes vérités ;
Et que nous n'avons aucun droit

D'en réclamer
L'exclusivité.

Mais parcontre apporter de l'eau
Au ruisseau
De l'autre,
Est une prolongation du plaisir,
De rire
Et de penser
Avec l'être aimé.

Table des matières.

La pluie si longue 7
Quand la pluie se fait vie 10
L'Homme et la puissance 13
Le poète 15
Les couleurs 18
Tu vis 24
Le printemps 27
Le territoire de Dieu 29
Un matin pas comme les autres 32
Le pardon 34
La lumière comme un satin 36
Si j'étais artiste 40
Je suis 42
Le silence 45
Et si tu venais 48
Le parfum englouti 51
Le réconfort 54
Il faut savoir oublier 56
J'ai senti tous ces vents 59
J'ai choisi de me battre 61
Une vie facile 63
Le premier regard 66
Le travail et la mémoire 69
La prière 72
Il n'y a plus d'éternité 74
Je reviens te chercher 76
Le désir 78